Poni de Shetland

Grace Hansen

Abdo Kids Jumbo es una subdivisión de Abdo Kids
abdobooks.com

abdobooks.com

Published by Abdo Kids, a division of ABDO, P.O. Box 398166, Minneapolis, Minnesota 55439.
Copyright © 2020 by Abdo Consulting Group, Inc. International copyrights reserved in all countries. No part of this book may be reproduced in any form without written permission from the publisher.
Abdo Kids Jumbo™ is a trademark and logo of Abdo Kids.

Printed in the United States of America, North Mankato, Minnesota.

102019

012020

Spanish Translator: Maria Puchol

Photo Credits: Alamy, iStock, Shutterstock

Production Contributors: Teddy Borth, Jennie Forsberg, Grace Hansen
Design Contributors: Dorothy Toth, Pakou Moua

Library of Congress Control Number: 2019944048

Publisher's Cataloging-in-Publication Data

Names: Hansen, Grace, author.

Title: Poni de Shetland/ by Grace Hansen

Other title: Shetland Ponies. Spanish

Description: Minneapolis, Minnesota : Abdo Kids, 2020. | Series: Caballos

Identifiers: ISBN 9781098201074 (lib.bdg.) | ISBN 9781098202057 (ebook)

Subjects: LCSH: Shetland pony--Juvenile literature. | Horses--Juvenile literature. | Ponies--Juvenile literature. | Farm animals--Juvenile literature. | Spanish language materials--Juvenile literature.

Classification: DDC 636.16--dc23

Contenido

Los ponis de Shetland

Los ponis de Shetland son nativos de las **islas Shetland** en Escocia. En su día sirvieron para ayudar a los granjeros de la zona. ¡Eran del tamaño perfecto!

A estos animales se les llama ponis, pero son caballos adultos.

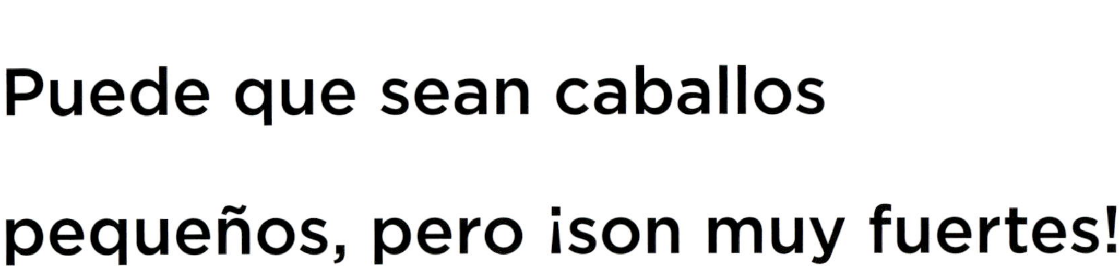

Puede que sean caballos pequeños, pero ¡son muy fuertes!

Los inviernos son largos en las islas. Los ponis de Shetland **se criaron** para soportar climas **adversos**.

El **denso** pelaje de este poni lo mantiene caliente. Le crece una capa doble en los meses de invierno. Así se protege de los vientos en la isla.

El pelaje de estos ponis puede ser de cualquier color. Puede ser un pelaje con manchas de colores. Aunque nunca será tan manchado como el de un caballo **Apalusa**.

Los ponis de Shetland deben medir 11 **manos** de alzada o menos.

Ventajas de ser un poni

En las islas pequeñas no hay mucho pasto. Este caballo pequeño no necesita comer tanto como los caballos de tamaño promedio.

Hoy en día los Shetlands sirven como caballos de montar para niños.

Más datos

- Estos ponis han vivido en las **islas de Shetland** más de 2,000 años.
- Se llevaron ponis de Shetland a Gran Bretaña para ayudar con la actividad minera, sólo después de aprobarse una ley en 1847 donde se prohibió que los niños y las mujeres ya no podían transportar carbón de las minas.
- ¡Este poderoso caballo puede arrastrar dos veces su peso!

Glosario

adverso - brusco y no agradable.

Apalusa - raza de caballo estadounidense, conocido por el llamativo diseño de su pelaje.

criar - emparejar a dos animales para tener hijos.

denso - que está muy junto, compacto, espeso.

islas Shetland - conjunto de islas en la zona subártica, ubicadas al noreste de Gran Bretaña y a alrededor de 170 millas (280 km) de Escocia.

mano - unidad de medida para la altura de los caballos; equivale a 4 pulgadas (10.16 cm).

Índice

¡Visita nuestra página **abdokids.com** para tener acceso a juegos, manualidades, videos y mucho más!

Usa este código Abdo Kids

HSK5687

¡o escanea este código QR!